BASTIAN GROSCURTH studierte Kommunikations-Design an der Fachhochschule Wiesbaden und arbeitet als Junior Art Director in einer Frankfurter Werbeagentur. Als kleiner Junge begeisterte er sich schon für die Exponate des Senckenberg-Museums, die er für das vorliegende Buch faszinierend detailgetreu zeichnete.

Die Frankfurterin BIRGID GROSCURTH studierte neue Sprachen, war als PR-Beraterin tätig und schrieb für diverse Zeitschriften. Seit der Geburt ihrer beiden Söhne arbeitet sie als freie Journalistin und gründete außerdem vor einigen Jahren mit „Ars Vivendi" eine eigene Konzertreihe für junge Musiker.

Autorin und Illustrator dieses Buches wurden wissenschaftlich beraten durch Herrn DR. BERND HERKNER, Museumsleiter des Naturmuseums Senckenberg

Herausgegeben von der
SENCKENBERGISCHEN NATURFORSCHENDEN GESELLSCHAFT

ISBN 3-8339-0466-6

Redaktion: Gabi Strobel
Grafik: Jutta Hohl-Wolf

Gesamtverzeichnis schickt gern: Baumhaus Verlag,
Juliusstraße 12, D-60487 Frankfurt am Main
www.baumhaus-verlag.de

5 4 3 2 1 06 07 08 09 2010

Birgid Groscurth · Bastian Groscurth

senckenberg

WENN IM MUSEUM DAS LICHT AUSGEHT ...

Auf den Spuren von Dinosauriern,
Walen und Elefanten

BAUMHAUS VERLAG

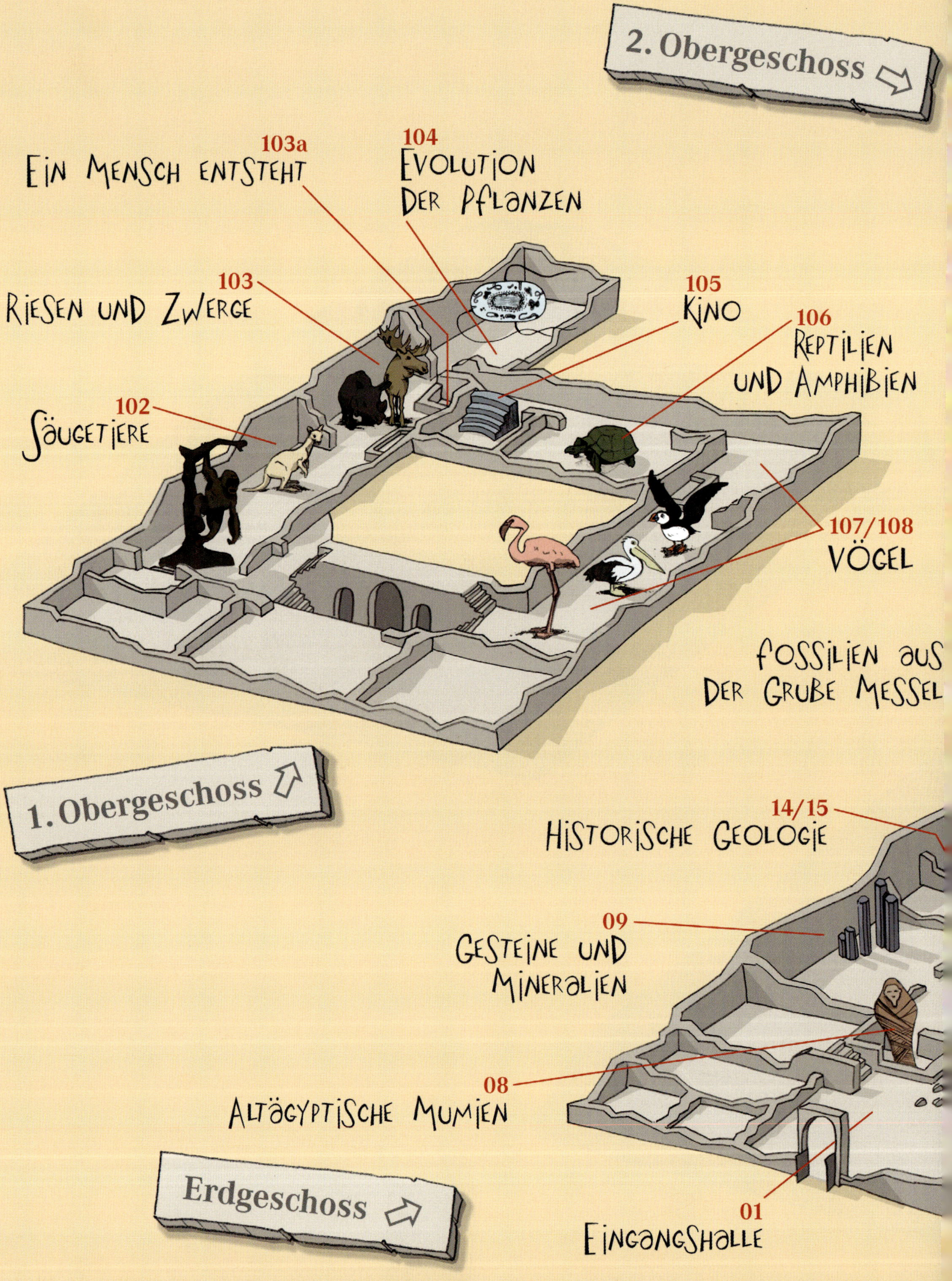
2. Obergeschoss
103a
Ein Mensch entsteht
104
Evolution der Pflanzen
103
Riesen und Zwerge
105
Kino
106
Reptilien und Amphibien
102
Säugetiere
107/108
Vögel
Fossilien aus der Grube Messel
1. Obergeschoss
14/15
Historische Geologie
09
Gesteine und Mineralien
08
Altägyptische Mumien
Erdgeschoss
01
Eingangshalle

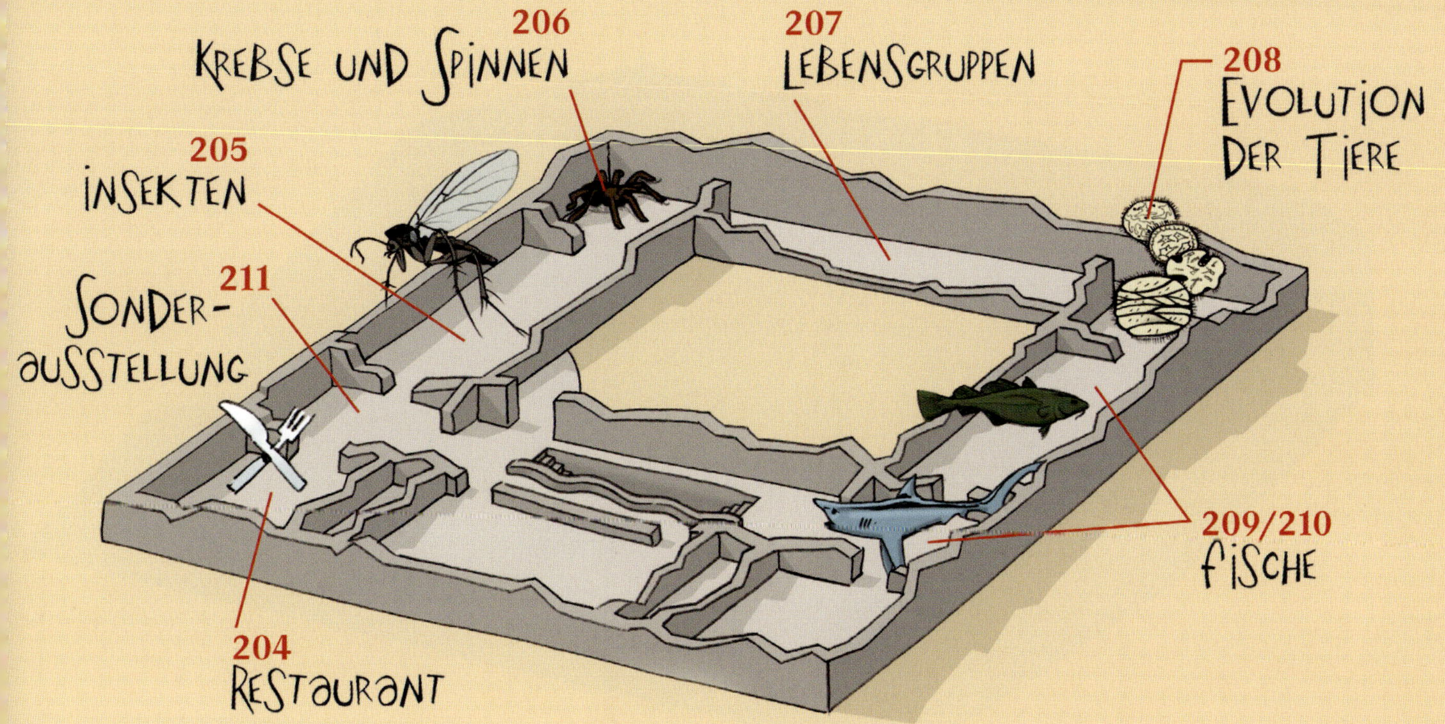
206
Krebse und Spinnen
207
Lebensgruppen
208
Evolution der Tiere
205
Insekten
211
Sonder-ausstellung
209/210
Fische
204
Restaurant

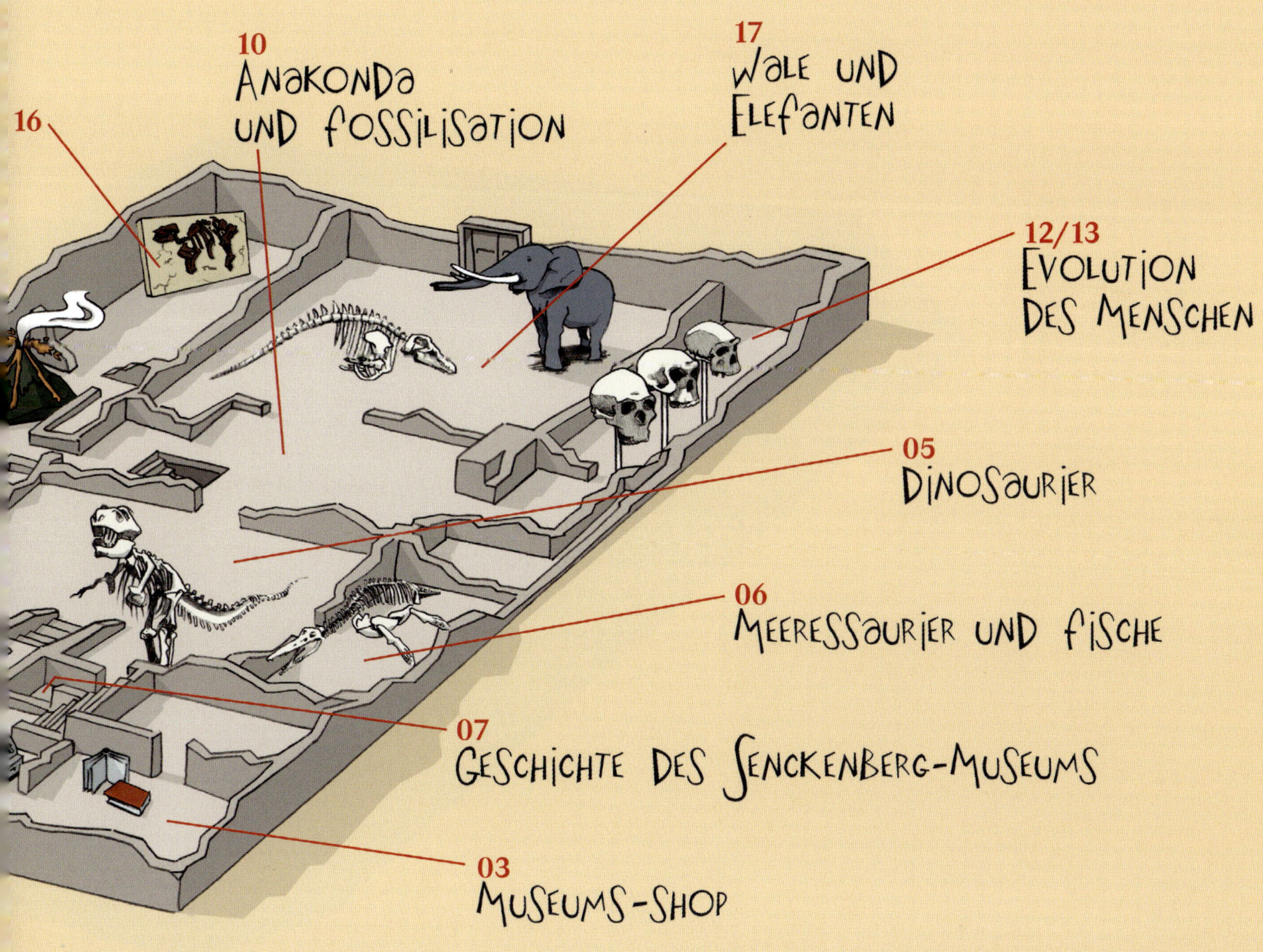
10
Anakonda und Fossilisation
17
Wale und Elefanten
16
12/13
Evolution des Menschen
05
Dinosaurier
06
Meeressaurier und Fische
07
Geschichte des Senckenberg-Museums
03
Museums-Shop

Die lustige Museumsmaus wird von allen nur ‚Zähnchen' genannt, weil ihre Vorderzähne ein bisschen groß geraten sind. Ihr macht das gar nichts aus, denn dafür kann sie beim Essen immer viel größere Stücke abbeißen als die anderen.

Zähnchen wohnt in einem wunderschönen, berühmten Museum in einer kleinen Mäusewohnung.

Ihr Leben ist sehr abwechslungsreich, weil tagsüber so viele nette Kinder da sind, die die Dinosaurier und all die anderen Tiere besuchen. Und nachts, wenn die Menschen wieder weg sind, dann trifft sie manchmal ihren besten Freund, den Fuchs. Er ist der klügste Fuchs der Welt und sie hat ihn sehr, sehr gern.

Genau wie Zähnchen, wohnt auch der Fuchs im Museum. Mit seiner Familie hat er eine schöne Höhle in einem großen Glaskasten. Die anderen bleiben da immer drin, aber ihm hat eine Fee vor vielen Jahren versprochen, dass er manchmal nachts im Gebäude spazieren gehen darf.
Es gefiel ihr nämlich sehr, dass der Fuchs schon immer alles wissen wollte und einfach nicht genug davon bekommen konnte, die Welt zu entdecken. Deshalb beschloss sie, dass er in manchen Vollmondnächten auch seine neue Welt, das Museum, erkunden dürfe.
Allerdings musste er versprechen, sein Wissen auch an andere weiterzugeben.
Und das tut er ganz besonders gern.

„Och nö, jetzt nicht", stöhnte Zähnchen und biss genüsslich in ihren Käse. Sie hatte es sich gemütlich gemacht und freute sich auf ihren Festtagsschmaus. Danach wollte sie schlafen gehen, aber daraus würde wohl nichts werden: Sie hatte Schritte in den dunklen Gängen des Senckenberg-Museums gehört und fürchtete sich ein bisschen. Zähnchen sprang aus ihrer Hängematte und schlich zur Tür. Vorsichtig spähte sie um die Ecke und nun klopfte ihr kleines Herz vor Freude: Der Fuchs war zu Besuch gekommen und das versprach aufregende Erlebnisse. Mit einer Lupe betrachtete er die Fußstapfen, die in den Dinosauriersaal führten, und der Diplodocus mit seinem langen Hals schien ihn bei seiner Arbeit aufmerksam zu beobachten.

„Oh, hallo Zähnchen", sagte er erfreut, als er sie erblickte. Warum guckst du denn so ängstlich?"

„Wenn ich gewusst hätte, dass du es bist, hätte

ich ja keine Angst gehabt", lachte die Maus, schüttelte ihm die Pfote und fragte, ob sie ihn begleiten dürfe, weil er immer so interessante Dinge zu erzählen habe.

„Na klar", sagte der Fuchs, froh, dass er jemanden zum Zuhören hatte. Neugierig erkundigte Zähnchen sich, was er mit der Lupe gesehen habe.

„Hier gibt es ja nicht nur Skelette", lächelte er. „Schau mal, diese Fußabdrücke wurden in der Kreidezeit vor etwa 70 Millionen Jahren von lebenden Dinosauriern hinterlassen!"

„Hier im Museum?"

Er lachte: „Natürlich nicht! Die hat man versteinert in Südamerika gefunden, wo sie heute noch zu sehen sind. Davon wurden Abdrucke genommen und die hat man für unser Museum nachgebildet."

„Ach soo!" Fröhlich sprang Zähnchen die Treppe hinab.

PLATEOSAURUS _ Er wird auch Flachechse genannt, lebte schon vor etwa 220 Millionen Jahren und ist der älteste Dinosaurier im Senckenberg-Museum. Er gehört zur den Echsenbecken-Dinosauriern. Dieses Skelett wurde in Deutschland gefunden.

DinoSaurier _ Mit einem Satz hüpfte Zähnchen nun auf die Nase des Dreihorns: „Der sieht ja zum Fürchten aus – wer ist denn das?“
„Das ist der Schädel eines *Triceratops*, und da hinten an der Wand steht das ganze Skelett“, antwortete ihr Freund. „Und übrigens: das, worauf du da so frech herumturnst, ist das Wappen des Senckenberg-Museums! Also runter da, aber ein bisschen plötzlich, dann erzähle ich dir auch was über die Dinosaurier!“
„Was denn?“ erkundigte sich Zähnchen wissbegierig. „Vielleicht, warum diese Fußabdrücke so unterschiedlich aussehen?“
„Weil es nicht nur Dinosaurier mit vier Beinen gab, die *Echsenfuß-Saurier* genannt werden, sondern auch Zweibeiner, wie den *Tyrannosaurier*. Die hatten Beine wie riesige Vögel und große, starke Krallen an den Füßen und heißen *Raubtierfuß-Saurier*.“
„Und der hier?“
„Das war ein *Echsenfuß-Saurier*, und er war nicht besonders schlau“, berichtete der Fuchs.

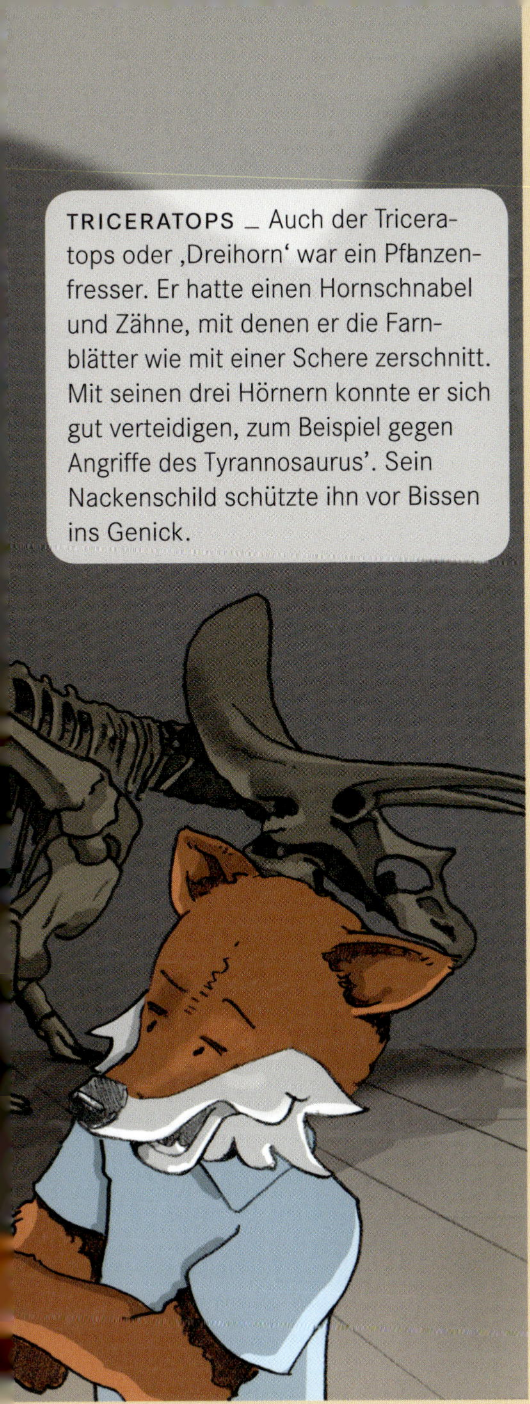

TRICERATOPS _ Auch der Triceratops oder ‚Dreihorn' war ein Pflanzenfresser. Er hatte einen Hornschnabel und Zähne, mit denen er die Farnblätter wie mit einer Schere zerschnitt. Mit seinen drei Hörnern konnte er sich gut verteidigen, zum Beispiel gegen Angriffe des Tyrannosaurus'. Sein Nackenschild schützte ihn vor Bissen ins Genick.

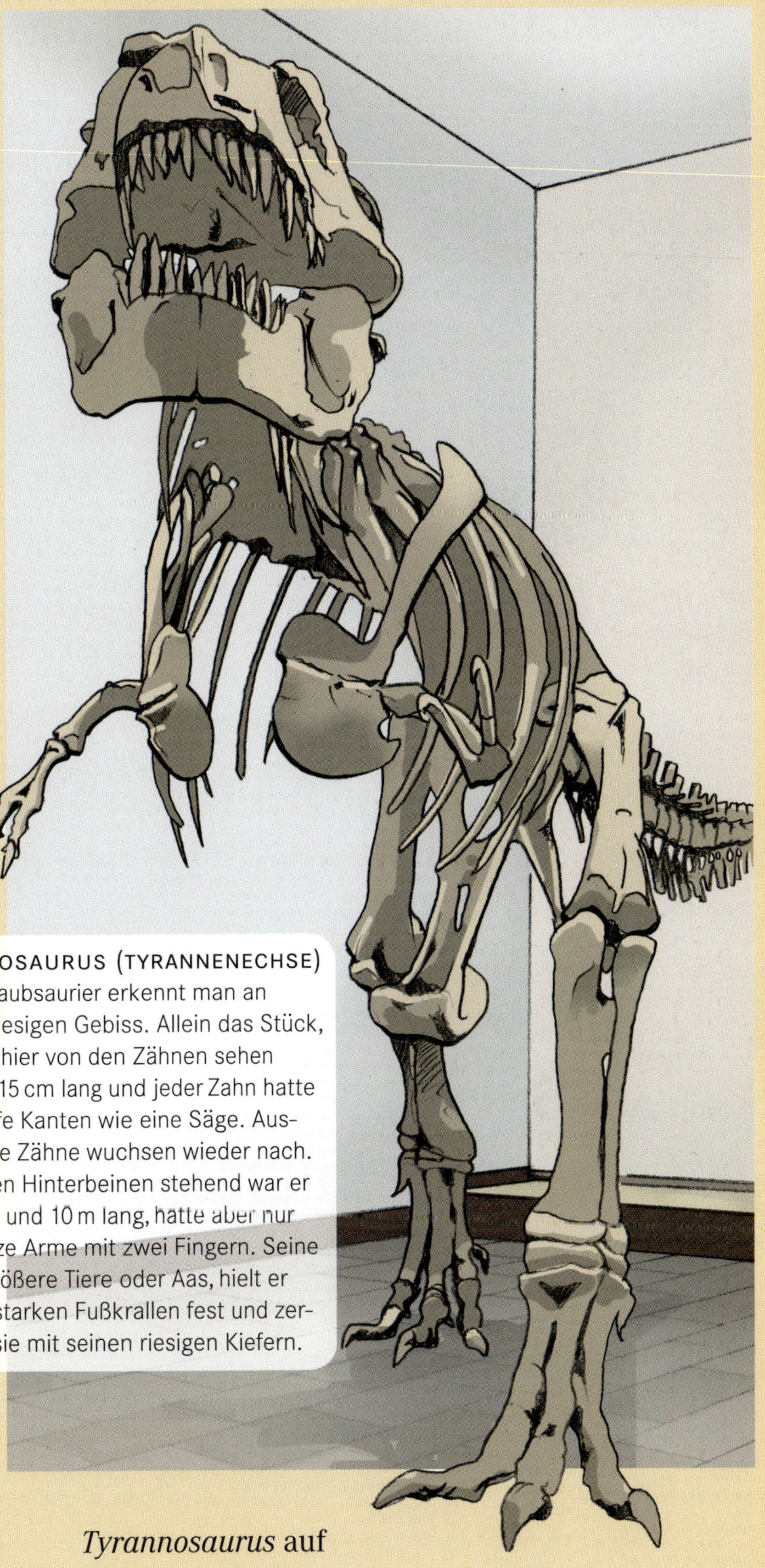

TYRANNOSAURUS (TYRANNENECHSE)
Diesen Raubsaurier erkennt man an seinem riesigen Gebiss. Allein das Stück, das man hier von den Zähnen sehen kann, ist 15 cm lang und jeder Zahn hatte so scharfe Kanten wie eine Säge. Ausgebissene Zähne wuchsen wieder nach. Auf seinen Hinterbeinen stehend war er 5 m hoch und 10 m lang, hatte aber nur ganz kurze Arme mit zwei Fingern. Seine Beute, größere Tiere oder Aas, hielt er mit den starken Fußkrallen fest und zermalmte sie mit seinen riesigen Kiefern.

„Woher willst du das denn wissen?"
„Er hatte nur ein ganz kleines Gehirn."
„Jetzt gibt es doch keine Dinosaurier mehr, oder?", erkundigte sich Zähnchen vorsichtig, und der Fuchs konnte sie beruhigen: „Keine Sorge! Die ersten Dinosaurier lebten schon vor etwa 220 Millionen Jahren, und am Ende der Kreidezeit, vor ungefähr 65 Millionen Jahren, sind sie alle ausgestorben."
Respektvoll sah sie zu dem schrecklichen *Tyrannosaurus* auf und gruselte sich sehr.
„Er war übrigens ein gefährlicher Fleischfresser", flüsterte der Fuchs und wie der Blitz verschwand seine kleine Begleiterin im nächsten Raum.

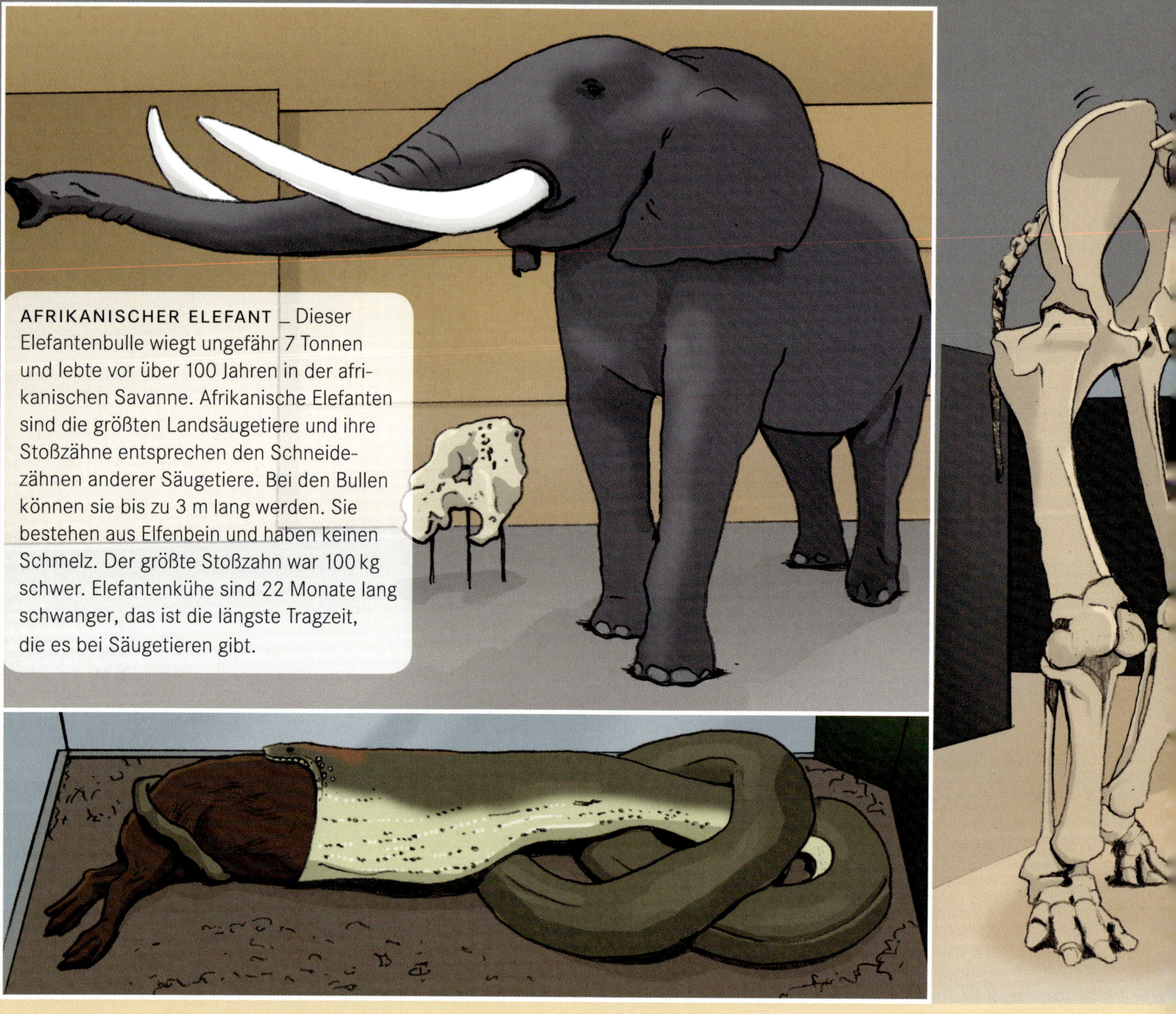

AFRIKANISCHER ELEFANT _ Dieser Elefantenbulle wiegt ungefähr 7 Tonnen und lebte vor über 100 Jahren in der afrikanischen Savanne. Afrikanische Elefanten sind die größten Landsäugetiere und ihre Stoßzähne entsprechen den Schneidezähnen anderer Säugetiere. Bei den Bullen können sie bis zu 3 m lang werden. Sie bestehen aus Elfenbein und haben keinen Schmelz. Der größte Stoßzahn war 100 kg schwer. Elefantenkühe sind 22 Monate lang schwanger, das ist die längste Tragzeit, die es bei Säugetieren gibt.

Anakonda _ Zähnchen war empört: „Guck mal, die schluckt ein ganzes Wildschwein runter!“
„Das ist eine *Anakonda*, die kann 9 Meter lang werden. Sie leben in Südamerika und sind die längsten Riesenschlangen der Welt“, erklärte der Fuchs. „Sie können sogar einen Menschen verschlingen, nachdem sie ihn erwürgt haben! Die hier frisst übrigens gar kein Wildschwein, sondern ein Wasserschwein!“
„Gibt’s da einen Unterschied?“
„Ein normales Schwein ist kein Nagetier. Und das Wasserschwein ist das größte Nagetier der Welt. Also so was wie ein riesiges Meerschweinchen!“
„Oder eine Maus“, flüsterte Zähnchen entsetzt und wollte die Flucht ergreifen. Schnell fragte sie noch: „Warum verschlingt sie denn den Kopf zuerst?“
„Na ja, Anakondas sind eben schlau und wissen, dass es mit dem Haarstrich doch viel besser rutscht.“
Jetzt reichte es Zähnchen und sie rannte so schnell sie konnte zu den Elefanten.

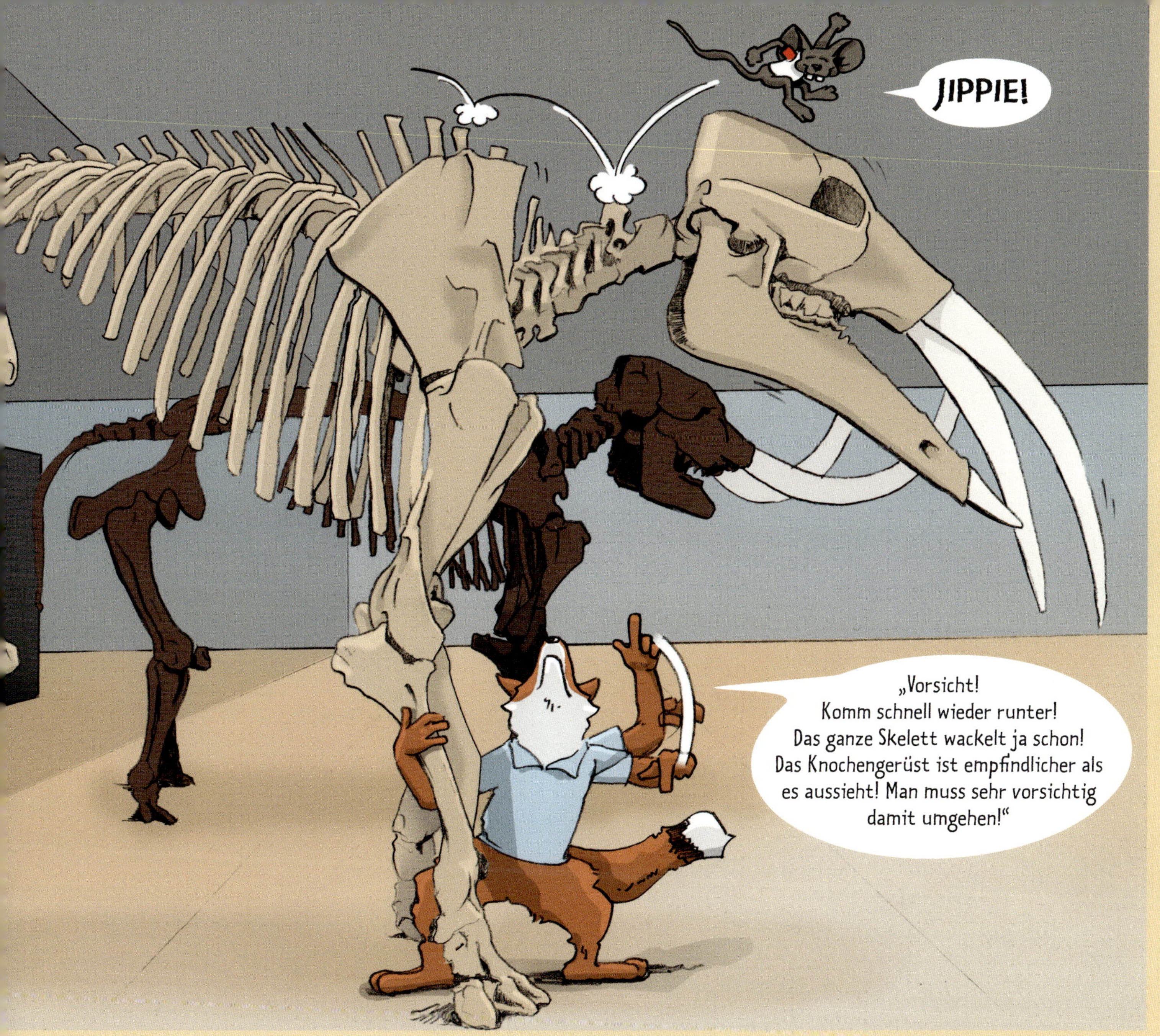

Mühldorfer Urelefant und Mastodon

„Jetzt weiß ich auch mal was!“ Zähnchen zeigte stolz auf die beiden riesigen Skelette.
„Was denn?“
„Der mit den vier großen Stoßzähnen heißt ‚*Mühldorfer Urelefant*‘. Er hat ungefähr 6 Tonnen gewogen und lebte im Jungtertiär. Urelefanten werden auch *Mastodonten* genannt!“
Beeindruckt erkundigte sich der Fuchs, ob sie auch wisse, wo der Urelefant gefunden wurde und wie alt er sei. „Jaa!“, quiekte sie glücklich. „In Süddeutschland, und er ist etwa 10 Millionen Jahre alt. Der hier ist etwas ganz Besonderes, weil er so groß und so perfekt erhalten ist.“
„Richtig! Und der dahinter?“
„Das ist ein *Amerikanisches Mastodon*, die lebten zur gleichen Zeit wie die Steinzeitmenschen. Sie hatten ein genauso dickes Fell wie die *Mammuts*, weil sie in Eis und Schnee überleben mussten“, trumpfte Zähnchen auf.
„Und wie alt ist der?“
Sie schüttelte unsicher den Kopf: „Weiß ich nicht genau, aber sicher auch sehr alt.“
„Och, der ist erst ungefähr 10.000 Jahre alt.“

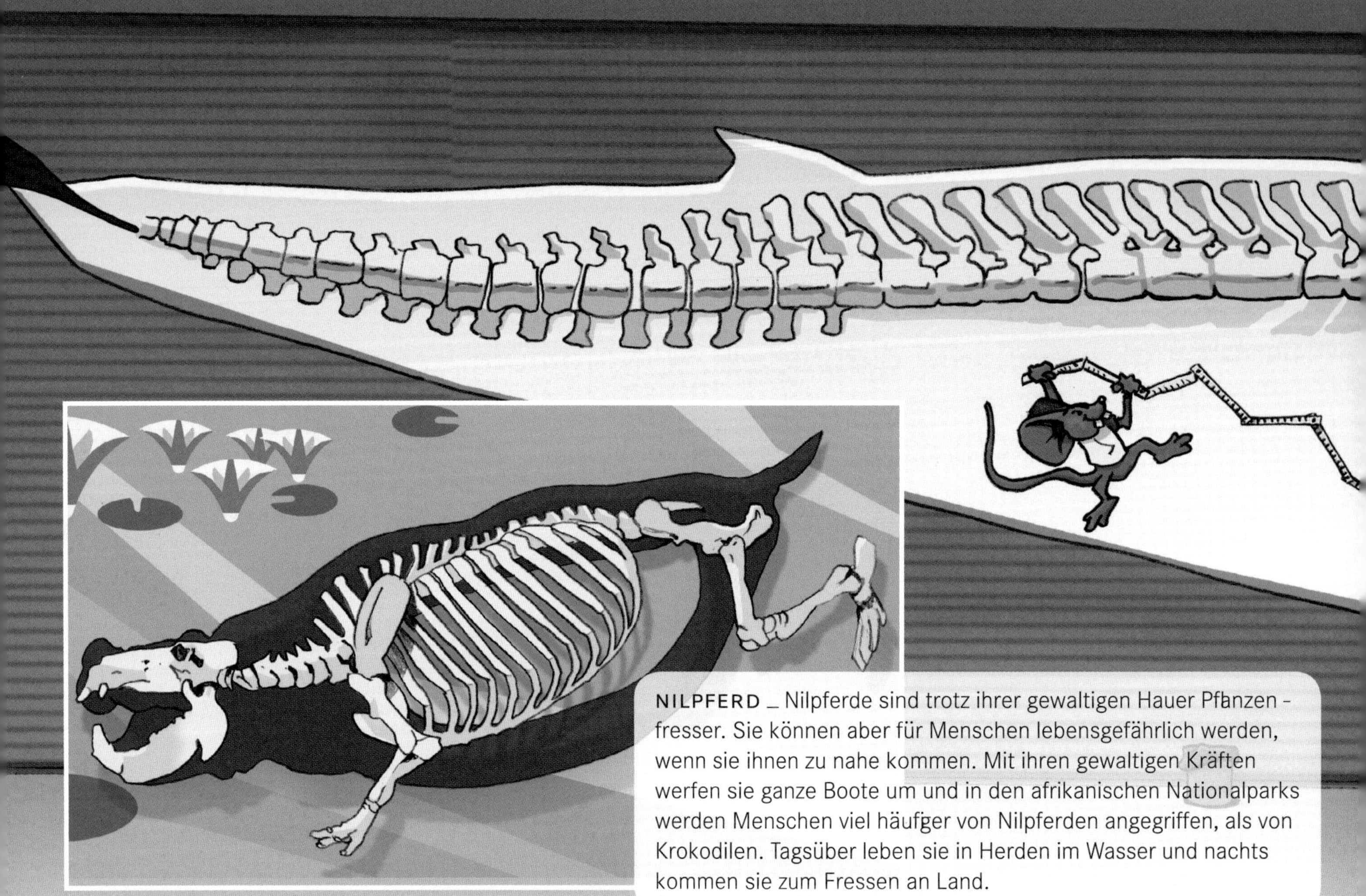

NILPFERD _ Nilpferde sind trotz ihrer gewaltigen Hauer Pflanzen - fresser. Sie können aber für Menschen lebensgefährlich werden, wenn sie ihnen zu nahe kommen. Mit ihren gewaltigen Kräften werfen sie ganze Boote um und in den afrikanischen Nationalparks werden Menschen viel häufiger von Nilpferden angegriffen, als von Krokodilen. Tagsüber leben sie in Herden im Wasser und nachts kommen sie zum Fressen an Land.

WALE _ „Jetzt komm mal von deinem geliebten Urelefanten runter, Zähnchen! Hier gibt's noch viel zu sehen!" Der Fuchs stand schon vor dem *Finnwal*. Wie von Zauberhand hatte er einen Zollstock in der Hand und seine Freundin rannte herbei, um das andere Ende zu halten. „Guck doch, der Walfisch ist 24 Meter lang!" rief sie, und er erwiderte trocken: „Das ist kein Walfisch, sondern ein Wal! Wale sind nämlich keine Fische, sondern Säugetiere. Wie wir Füchse und Mäuse säugen sie ihre Babys mit Milch."

„Wie kann denn ein Wal ein Säugetier sein, wo er doch unter Wasser lebt?"
„Weil Wale keine Kiemen, sondern Lungen haben, müssen sie beim Tauchen eben die Luft anhalten. Das können sie aber sehr lange, manche tauchen bis zu zwei Stunden."
Traurig fügte er hinzu: „Es gibt nicht mehr viele Wale, zum einen, weil ihnen durch die Überfischung Nahrung entzogen wird. Zum anderen wird ihr Lebensraum durch die Verseuchung der Meere mit Chemikalien zerstört."

SCHWERTWAL _ Der Schwertwal hat keine Barten, sondern Zähne und gehört deshalb zu den Zahnwalen. Er wird 6 bis 9 m lang und lebt in allen Meeren. Sogar in der Nordsee hat man ihn gesehen. Manche nennen ihn auch Mörderwal, weil er ein Raubtier ist. Menschen greift er aber nicht an, denn Schwertwale sind sehr schlau und verwechseln sie deshalb nicht mit ihrer Beute. Am liebsten fressen sie Robben, Delfine und große Fische und können sogar große Bartenwale zerfleischen. Oft jagen sie in Rudeln von 20 bis 30 Tieren.

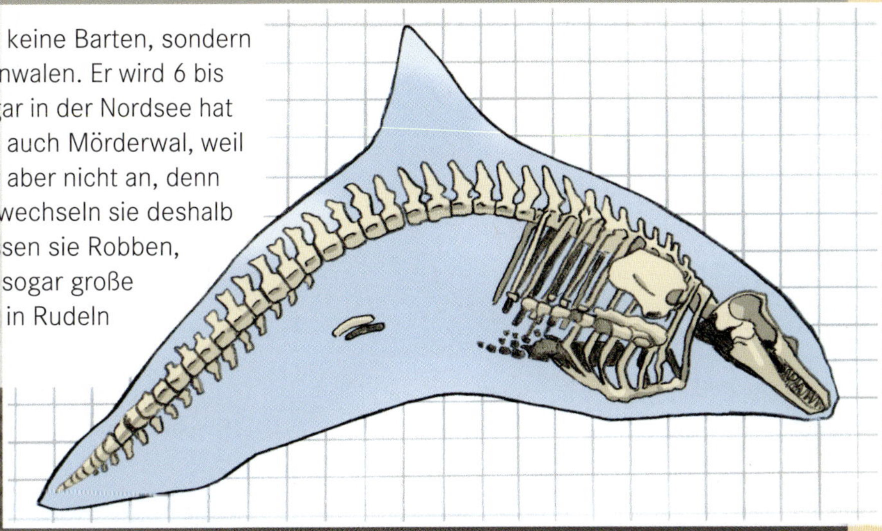

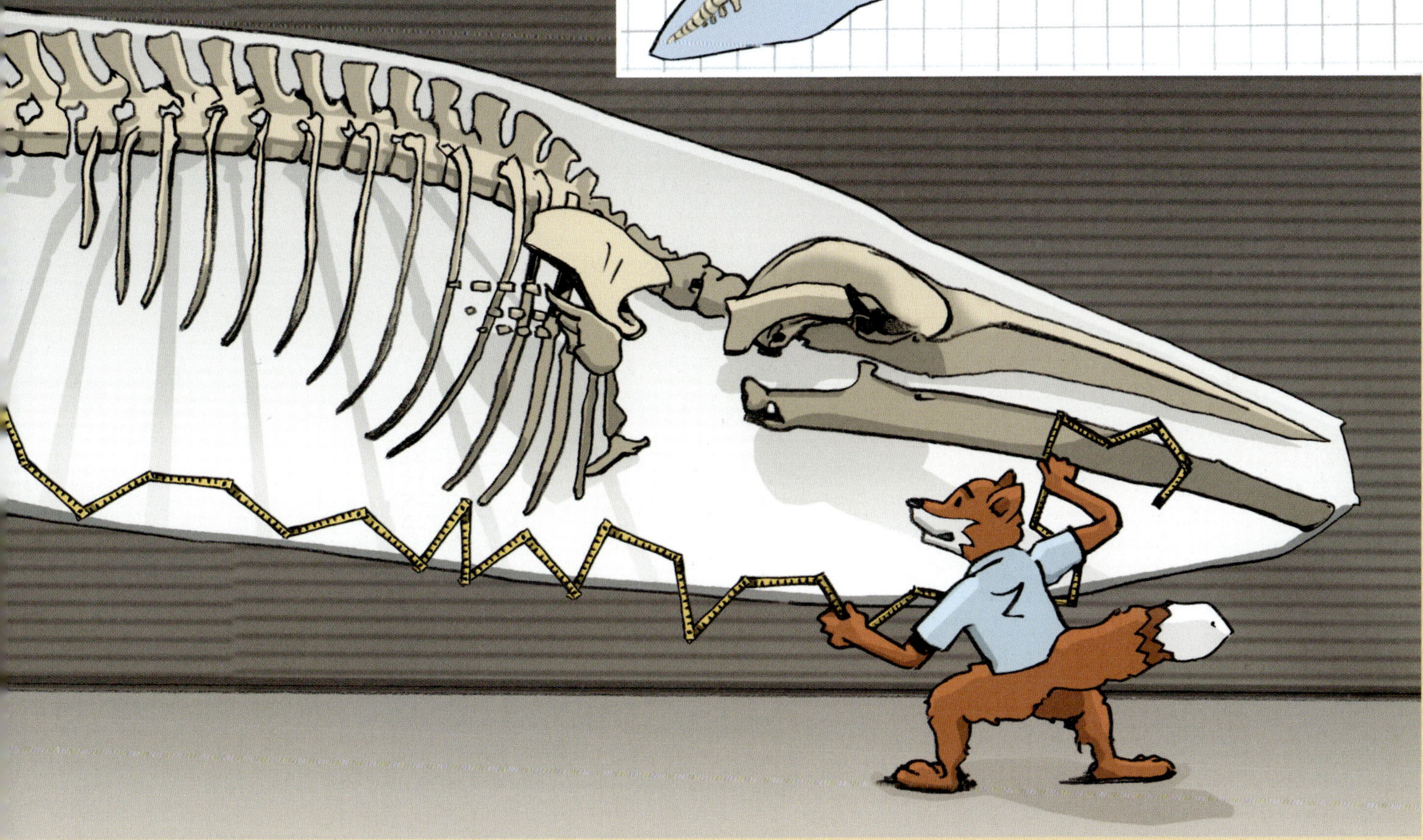

FINNWAL _ Zähnchen sah so bedrückt aus, dass er schnell auf den *Finnwal* zeigte: „Schau mal, das ist der zweitgrößte Wal, nur der Blauwal ist noch größer. Beide sind Bartenwale und die größten Tiere aller Zeiten.“
Sie erkundigte sich: „Was sind überhaupt Barten? Und ist der Wal gefährlich?“
„Nein, nein. *Finnwale* sind zwar riesig, könnten aber keine großen Tiere oder Menschen verschlingen, weil ihr Schlund so eng ist. Sie ernähren sich von kleinen Krebsen, dafür brauchen sie ihre Barten, denn mit denen sieben sie sich diese aus dem Wasser.“
„Und was sind jetzt die Barten?“ Die Maus ließ nicht locker.
„Das sind diese borstigen, haarigen Dinger, die am Gaumen angebracht sind und ein bisschen wie ein Besen aussehen.“
„Wo leben denn Finnwale?“ „In allen Weltmeeren. Am liebsten mögen sie die kalten Gebiete.“
„Aha!“ Zähnchen war endlich zufrieden.
„Und jetzt ab zu den anderen Säugetieren.“

GORILLA _ Zähnchen bestaunte den Menschenaffen. Der Fuchs bemerkte: „Der hat bestimmt mal 230 Kilo gewogen! Siehst du die grauen Haare auf seinem Rücken?“ „Ja, und?“
„Er war ein Silberrücken und deshalb der Anführer!“ „Und was macht so ein Anführer?“
„Er ist der stärkste *Gorilla* in seiner Gruppe und übernimmt die Verteidigung der anderen“, erklärte er. „*Gorillas* leben in richtigen Familien. Tagsüber halten sie sich am Boden auf und nachts schlafen sie in Nestern auf Bäumen.“

LÖWEN _ „Ganz schön große Katzen!“, stellte die Maus fest und der Fuchs lachte: „Na ja, es sind ja auch Raubkatzen. Aber sie benehmen sich nicht wie unsere Katzen.“
„Jagen sie keine Mäuse?“, erkundigte sie sich hoffnungsvoll.
„Nein, ihr seid zu klein. Bei denen jagen vor allem die Weibchen – die Männchen sind viel träger. Löwen fressen auch deshalb so gern Aas, weil es ihnen zu anstrengend ist, ein lebendiges Tier zu jagen.“

BISON _ Der Fuchs zeigte auf ein wuscheliges Huftier: „*Bisons* leben in riesigen Herden in Nordamerika und schon die Indianer haben sie gejagt. Sie brauchten das Fleisch und ihr Fell, weil es sie im Winter schön warm hielt."
„Gibt's *Bisons* auch bei uns?"
„Früher schon, aber heute leben nur noch wenige in manchen Teilen von Polen. Hier nennt man sie übrigens ‚*Wisente*', und sie wohnen im Wald. *Bisons* in Amerika dagegen donnern über die Prärie."

KAMATSCHATKA-BÄR _ „Dieser Bär kommt aus Sibirien und ist das größte lebende Raubtier an Land! Wenn der lebendig wäre, würde ich ihm nicht so auf den Pelz rücken – der ist mindestens 2.80 Meter groß und hat sicher 500 Kilo gewogen!" Der Fuchs hatte seinen Spaß an seiner herumalbernden, kleinen Begleiterin. „Das würde ich mich dann ja auch nie trauen", kicherte die. „Schau dir doch bloß mal diese scharfen Zähne und seine schrecklichen Krallen an!"

KNURRHAHN _ Dieser Fisch kann zwar schwimmen, läuft aber lieber über den Meeresboden. Dazu bewegt er die unteren Strahlen seiner Brustfbssen wie Finger. Sein Kopf besteht aus einem festen Knochenpanzer. Manche Knurrhähne haben auch Stacheln am Kopf. Diese seltsamen Fische können mit ihrer Schwimmblase knurrende Laute erzeugen.

THUNFISCH _ Thunfsche sind stromlinienförmig und werden bis zu 5 m lang und ziemlich alt. Sie leben weit draußen im Meer und ernähren sich von anderen Fischen. Sie können ein hohes Schwimmtempo über sehr lange Strecken aufrechterhalten und gehören zu den schnellsten Fischen, die es gibt.

FISCHE _ „Die sind langweilig", nörgelte Zähnchen und wollte den Fuchs zu den Haien ziehen.
„Das stimmt aber nicht!", widersprach er. „Fische gibt es schon seit Anbeginn der Zeit, und durch ein Unterwassermikrofon kann man hören, dass viele von ihnen alle möglichen Laute von sich geben! Sie schwimmen mit Flossen und atmen durch Kiemen und ihr Körper ist mit Schuppen oder Knochenplatten bedeckt. Ihr Skelett ist knöchern, dann sind es Knochenfische. Oder es ist knorpelig, dann sind es Knorpelfische. Zu denen gehören alle Rochen und Seedrachen, aber auch die Haie, die du so sehnsüchtig anschmachtest."
„Und die Knochenfische?"
„Da gibt es viele: Aale, Karpfen …"
„He, warte mal!" Aufgeregt sprang Zähnchen auf und ab: „Zu denen gehören doch auch die Seepferdchen, oder?"
Der Fuchs staunte: „Alle Achtung – wenn ich einen Hut hätte, würde ich ihn jetzt ziehen!"

HAIE – „Die Haut des *Hammerhais* fühlt sich an wie Schmirgelpapier“, meldete Zähnchen von oben. „Kein Wunder“, sagte der Fuchs. „Die Schuppen von Haien sind winzige Zähnchen.“

„Hi, hi – Zähnchen!“, kicherte die Maus und ihr Freund lächelte: „Die sind aber so spitz, dass man sich damit sogar die Krallen feilen könnte!“

„Und guck mal, wo der seine Augen und Nasenlöcher hat – ganz weit außen! Und diese komischen Schlitze an der Seite! Siehst du die überhaupt von da unten?“

„Klar, die Schlitze sind Kiemenöffnungen, die haben alle Haie, und meistens sind es fünf. Der da mit der langen Schwanzflosse wird *Drescherhai* genannt, weil er Fischschwärme umzingelt und durch Schlagen mit dem Schwanz zusammentreibt, damit er sie besser fressen kann.“

„Und der da hinten?“

„Der *Weiße Hai* wird bis zu 7 Meter lang und hat ein riesiges Maul mit vielen, messerscharfen Zähnen, die immer neu nachwachsen.“

GOLIATHFROSCH _ Der Goliathfrosch lebt in Afrika und ist der größte Frosch, den es gibt. Er kann über 30 cm lang und fast 4 kg schwer werden – so schwer wie eine große Katze! Die kleinsten Frösche der Welt werden, wenn sie ausgewachsen sind, nur 1 cm lang und sind kleiner als das Auge des Goliathfrosches.

GALAPAGOS-RIESENSCHILDKRÖTE
Riesenschildkröten leben auf Inseln im Atlantischen und Indischen Ozean. Sie sind die ältesten Tiere, die es gibt und können bis zu 300 Jahre alt werden. Die älteste Galapagos-Riesenschildkröte heißt Harriet. 1835 brachte der berühmte Evolutionsforscher Charles Darwin sie als 5-jährige von einer Reise zurück nach England. Heute lebt sie in einem Zoo in Australien und feierte im November 2005 ihren 175. Geburtstag!

REPTILIEN UND AMPHIBIEN _ „Hier ist es schön gemütlich dämmrig", sagte Zähnchen zufrieden. „Ach ja – und was ist damit?", fragte ihr Freund und zeigte auf den *Python*, der kaum zu erkennen war. „Igitt – die hab ich ja gar nicht gesehen", quiekte sie entsetzt und machte einen Satz in die andere Ecke des Raums.
„Aber interessant sind sie schon, die Reptilien und Amphibien. Die sehen aus wie Urzeittiere."
„Was sind denn überhaupt Reptilien?", erkundigte sich die Maus verschreckt.
„Kriechtiere wie Schildkröten, Krokodile, Echsen und Schlangen. Und stell dir vor: die meisten legen Eier!"
„Nicht zu fassen", murmelte Zähnchen kopfschüttelnd. „Und Amphibien?"
„Die haben keine Schuppen wie die Reptilien, sondern eine feuchte Haut. Und weil die oft Farbzellen enthält, sehen sie manchmal schön bunt aus."
„Die kenn' ich!", freute sich Zähnchen. „Das sind Frösche, Kröten, Salamander und so was."

MAMMUTBÄUME _ Auch Bäume sind Lebewesen und Mammutbäume die größten, die es überhaupt gibt. Sie werden bis zu 4000 Jahre alt und sind heute noch vor allem in Kalifornien zu fnden, wo sie über 100 m hoch und bis zu 10 m dick werden. Wenn man ein Tor hineinschneiden würde, könnte ein großer Lastwagen durch den Baum hindurchfahren.

DER PYTHON _ Tollkühn wie Tarzan schwang sie sich plötzlich zwischen der Riesenschlange und den Urwaldbäumen hin und her: „Vor der *Python* hab ich keine Angst – die ist ja tot!“, trumpfte sie auf und der Fuchs stellte klar: „Das heißt nicht ‚die *Python*‘, sondern ‚der *Python*‘! Und wenn er noch leben würde, dann gäbe es dich jetzt gar nicht mehr! Du hast ihn ja eben wegen seiner perfekten Tarnfarbe nicht einmal gesehen.“

„Wieso denn?“, fragte Zähnchen trotzig.

„Für den bin ich doch viel zu klein!“

„Nee, bist du nicht! *Pythons* können zwar sehr große Tiere verschlingen, mögen aber auch kleine – die nehmen sie als Häppchen mit!“

„Bah, sei doch nicht so gemein!“, sagte Zähnchen empört, fragte aber doch noch: „Sind die eigentlich giftig oder würgen sie ihre Beute, so wie die *Anakonda*?“

Der Fuchs freute sich: „Gut aufgepasst! Es sind tatsächlich Würgeschlangen und sie sind kein bisschen giftig!“

STRAUSS _ Afrikanische Strauße haben lange, nackte Hälse und sind die größten Vögel, die heute auf der Erde leben. Sie sind sehr schnell und können gefährlich treten. Die Weibchen haben beige Federn und sind deshalb tagsüber gut getarnt, während sie ihre Eier ausbrüten. Die Männchen übernehmen nachts das Brüten und sind dann mit ihrem schwarzen Gefieder kaum zu sehen.

GROSSE VÖGEL, KLEINE VÖGEL _ „Ach je“, stöhnte Zähnchen, als sie den Raum mit den Vögeln betraten. „So viele verschiedene Vögel gibt’s doch gar nicht!“ „Oh doch“, bemerkte ihr Freund trocken. „Ungefähr 9000 Arten!“ „Aber die muss man doch nicht alle kennen, oder?“ Er lachte: „Nein, nur die wichtigsten.“ Und schon legte der Fuchs los: „Pinguine, Storchenvögel, Flamingos, Gänsevögel, Greifvögel, Hühnervögel, Kranichvögel, Segler, Eulen, Spechtvögel, Sperlingsvögel, …“

„Hilfe!! Hast du mir jetzt deine Speisekarte vorgelesen, oder woher kennst du die alle?“, unterbrach Zähnchen und verschwand entnervt um die nächste Ecke. Kurz darauf schaukelte sie schon ausgerechnet vor den Schnäbeln der größten Greifvögel und Geier herum. Von da oben herab fragte sie: „Gibt es hier eigentlich auch ganz kleine Vögel?“ „Na klar! Guck mal da hinten, die winzigen, das sind Kolibris, von denen sind manche nicht größer als eine Hummel, aber sehr schnell und ganz bunt!“

„Och, sind die süß!“ Zähnchen war heruntergekommen, um sich zusammen mit ihrem Freund ein wenig umzusehen. „Aber die hab ich noch nie gesehen.“
Der Fuchs erwiderte: „Die leben ja auch da, wo es immer schön warm ist. Bei uns ist der kleinste Vogel das Goldhähnchen, und der ist dreimal schwerer.“
„Komm doch mal her und guck dir diese Eier an – das ist ja Wahnsinn!“, schrie die kleine Maus begeistert.
„Da hast du's!“, sagte ihr Freund zufrieden. „Deshalb sind Vögel so unterschiedlich groß! Aus dem winzigen Ei schlüpft der Kolibri und aus dem größten der *Riesenstrauß*, aber der ist schon ausgestorben.“
„Und wie groß waren die Eier von Dinos?“
„Auch nicht größer, weil die Jungen über die Poren der Eierschale mit Luft versorgt werden. Bei noch größeren Eiern würde das nicht mehr funktionieren.“
„Toll, was die Natur alles kann!“

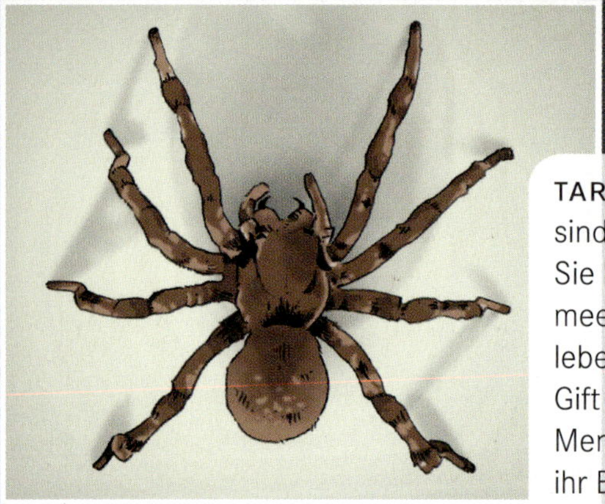

TARANTEL – Taranteln sind große Wolfsspinnen. Sie kommen in Mittelmeergebieten vor und leben in Erdhöhlen. Das Gift der Tarantel wirkt auf Menschen nur schwach, ihr Biss ist aber sehr schmerzhaft.

VOGELSPINNE

SCHWARZE WITWE – Die Schwarze Witwe ist eine gefährliche Spinne, die in wärmeren Regionen vom Mittelmeerraum über Afrika, Asien, Australien und Amerika lebt. Zum Glück ist sie nicht besonders angriffslustig. Trotzdem kommt es manchmal zu Bissunfällen, die in Einzelfällen tödlich enden können. Ihr Biss ist nicht schmerzhaft, aber die Folgen der Vergiftung dafür um so mehr. Ihren Namen hat die Schwarze Witwe deshalb bekommen, weil die Weibchen nach der Paarung manchmal das viel kleinere Männchen auffressen.

SEESPINNE

KREBSE, SPINNENVERWANDTE UND SPINNEN

„Was ist denn das für eine grauenvolle Spinne?!“ Zähnchen zeigte erschrocken auf ein riesiges Tier. „Das ist doch keine Spinne!“, erklärte der Fuchs. „Das ist eine *Japanische Riesenkrabbe* und das größte heute noch lebende Krebstier. Die heißt nur *Seespinne*, weil sie so lange Beine hat!“

„Wie groß ist die denn?“

„Wenn sie erwachsen sind und ihre Scheren seitlich ausstrecken, dann haben sie eine Spannweite von bis zu 3 Metern!“

„Das gibt’s doch nicht! 3 Meter! Und überhaupt – Spinne, Krabbe – das ist mir zu schwer“, stöhnte die Maus und zeigte auf die anderen Tiere.

„Und die da – sind das Spinnen?“

Der Fuchs schmunzelte: „Nein, das sind auch Krebse.“

„Wieso denn?“ Zähnchen war empört. „Manche sehen aber aus wie Spinnen!“

„Das sieht nur so aus. Schau mal, das sind lauter Krebse, Hummer und Krabben. Aber das wird jetzt doch ein bisschen zu schwierig.

Das musst du dir beim nächsten Besuch einer Schulklasse hier mal erklären lassen. Und jetzt guck mal: das da sind Spinnen.“
„Die sehen ja auch zum Fürchten aus, vor allem die haarige da!“ Zähnchen schüttelte sich. „Das ist eine *Vogelspinne*, die gehört zu den größten Spinnen der Welt. Für die Menschen sind sie gar nicht so gefährlich, obwohl die meisten Angst vor ihnen haben.“ Der Fuchs sah plötzlich ganz ernst aus.
„Was hast du denn?“, fragte Zähnchen vorsichtig.
„Na ja, es ist so – ihr Gift ist zwar für Menschen ungefährlich und lähmt nur ihre Beutetiere. Aber dazu gehören eben außer Insekten ausnahmsweise auch kleine Echsen, Vögel und leider auch Mäuse.“
Zähnchen zuckte zusammen: „Hilfe – gibt es die bei uns etwa auch?“ Ihr Freund legte schützend den Arm um sie: „Ganz ruhig – sie leben nur in tropischen Ländern.“
Sie atmete erleichtert auf. „Von so einer möchte ich aber auch wirklich nicht gefressen werden!“

DIE LEBENSGRUPPEN (DIORAMEN) _ Hier seht ihr Tiere in ihrer natürlichen Umwelt: Säugetiere, die noch während der Eiszeit in Europa weit verbreitet waren, heute aber nur noch im Hohen Norden oder in Asien leben. Oder fast ganz ausgerottete, mitteleuropäische Großsäugetiere wie Wölfe oder Bären, aber auch europäische Säugetiere, die noch weit verbreitet sind wie Gemsen, Wildschweine und Füchse.

BRAUNBÄR _ „Guck mal, so nette *Braunbären* lebten vor 150 Jahren überall in Europa“, sagte der Fuchs. „Aber inzwischen haben sie sich in entlegene Gebirgsregionen zurückgezogen. Sie sind Allesfresser und Einzelgänger und ihren Winterschlaf halten sie in Höhlen.“

„Sind die gefährlich?“, wollte Zähnchen wissen.

„Nicht unbedingt. Aber genau wie die Wildschweine greifen sie dann an, wenn sie ihre Jungen beschützen wollen.“

„Na, das ist doch auch richtig, oder?“

ELCHE _ Der Fuchs zog sie weiter: „So ein Geweih kann bis zu 20 Kilo wiegen.“

„Dass die sich damit bewegen können“, staunte Zähnchen.

„Sie sind sogar gute Schwimmer, obwohl sie bis zu 3 Meter lang, 2,50 Meter hoch und 800 Kilo schwer sein können. Der *Elch* ist die größte, europäische Hirschart.“

„Ich hab aber noch nie einen gesehen“, murrte Zähnchen.

„Früher gab es sie überall, aber heute leben sie nur noch in den Laub- und Bruchwäldern und

Sumpfgebieten von Nordeuropa, Asien und Nordamerika. Da finden sie genug Weichhölzer, Wasser- und Sumpfpflanzen.“

Saiga-Antilopen _ Die beiden kamen in den Raum, in dem auch der Fuchs mit seiner Familie lebte. Sie betrachteten die Tiere mit den seltsam aufgeblähten, rüsselförmig verlängerten Nasen. „Die sehen komisch aus“, stellte Zähnchen fest. „Die Nasen sind aber sehr praktisch, denn im Sommer dienen sie als Staubfilter und im Winter zum Aufwärmen der eisigen Luft, bevor diese in die Lungen kommt. Heute sind *Saiga-Antilopen* nur noch in Asien zu finden, aber zur Eiszeit durchzogen sie in großen Herden auch Mitteleuropa.“
„Und du ziehst jetzt wieder in deine Höhle – stimmt's?“, seufzte Zähnchen. „Es war wieder so spannend – kommst du mich denn bald wieder besuchen?“
„Na klar: versprochen ist versprochen und wird auch nicht gebrochen! Und jetzt schlaf gut.“

ENDE